CREACIÓN DE EQUIPOS PARA DIRECTIVOS

CREACIÓN DE EQUIPOS PARA DIRECTIVOS

Serie " Habilidades directivas para directivos "
Por: D.K. Hawkins
Versión 1.1 ~Septiembre 2021
Publicado por D.K. Hawkins en KDP
Copyright ©2021 por D.K. Hawkins. Todos los derechos reservados.

Ninguna parte de esta publicación puede ser reproducida, distribuida o transmitida en cualquier forma o por cualquier medio, incluyendo fotocopias, grabaciones u otros métodos electrónicos o mecánicos, o por cualquier sistema de almacenamiento o recuperación de información, sin el permiso previo por escrito de los editores, excepto en el caso de citas muy breves incorporadas en reseñas críticas y algunos otros usos no comerciales permitidos por la ley de derechos de autor.

Quedan reservados todos los derechos, incluido el de reproducción total o parcial en cualquier formato.

Toda la información contenida en este libro se ha investigado cuidadosamente y se ha comprobado su exactitud. Sin embargo, el autor y el editor no garantizan, expresa o implícitamente, que la información contenida en este libro sea apropiada para cada individuo, situación o propósito y no asumen ninguna responsabilidad por errores u omisiones.

El lector asume el riesgo y la plena responsabilidad de todas sus acciones. El autor no será responsable de ninguna pérdida o daño, ya sea consecuente, incidental, especial o de otro tipo, que pueda resultar de la información presentada en este libro.

Todas las imágenes son de uso gratuito o han sido adquiridas en sitios de fotografías de stock o libres de derechos para uso comercial. Para la elaboración de este libro me he basado en mis propias observaciones y en muchas fuentes diferentes, y he hecho todo lo posible por comprobar los hechos y dar el crédito que corresponde. Si se utiliza algún material sin la debida autorización, le ruego que se ponga en contacto conmigo para corregir el error.

La información proporcionada en este libro tiene únicamente fines informativos y no pretende ser una fuente de asesoramiento o análisis crediticio con respecto al material presentado. La información y/o los documentos contenidos en este libro no constituyen un asesoramiento legal o financiero y nunca deben utilizarse sin consultar primero con un profesional financiero para determinar qué puede ser lo mejor para sus necesidades individuales.

El editor y el autor no ofrecen ninguna garantía ni promesa sobre los resultados que puedan obtenerse al utilizar el contenido de este libro. Nunca debe tomar ninguna decisión de inversión sin consultar primero con su propio asesor financiero y realizar su propia investigación y diligencia debida. En la medida en que lo permita la ley, el editor y el autor declinan toda responsabilidad en caso de que la información, los comentarios, los análisis, las opiniones, los consejos y/o las recomendaciones contenidos en este libro resulten ser inexactos, incompletos o poco fiables, o den lugar a pérdidas de inversión o de otro tipo.

El contenido de este libro no pretende constituir ni constituye un asesoramiento jurídico o de inversión y no se establece ninguna relación abogado-cliente. El editor y el autor proporcionan este libro y su contenido "tal cual". El uso que usted haga de la información contenida en este libro es por su cuenta y riesgo.

ÍNDICE DE CONTENIDOS.

ÍNDICE DE CONTENIDOS. 3

INTRODUCCIÓN. 5

CAPÍTULO 1 9

    La formación de equipos y sus objetivos. 9

CAPÍTULO 2 16

    Qué características definen a un equipo ganador? 16

CAPÍTULO 3 21

    ¿Qué métodos puedo utilizar para motivar a mi equipo? ... 21

CAPÍTULO 4 27

    Involucrar a todos en las actividades de creación de equipos.
    27

CAPÍTULO 5 35

    Eventos de creación de equipos y expectativas. 35

CAPÍTULO 6 45

    Aumentar la competitividad mediante actividades de creación de equipos. 45

CAPÍTULO 7 49

    Los fundamentos de la gestión de la diversidad en la creación de equipos. 49

CAPÍTULO 8 53

    Líneas de comunicación abiertas para involucrar a todos. ... 53

CAPÍTULO 9 58
  Técnicas exitosas de creación de equipos para directivos...58
CAPÍTULO 10 64
  Mejore la eficacia de su estrategia de creación de equipos.
  64
CAPÍTULO 11 71
  Utilizar los juegos de creación de equipos para repensar la estrategia del grupo. 71
CAPÍTULO 12 75
  Facilitación y tutoría para la creación de equipos. 75
CONCLUSIÓN. 81

INTRODUCCIÓN.

Los conflictos o la incertidumbre pueden perjudicar significativamente la productividad y el flujo de trabajo de un equipo, y cualquier directivo que se precie dará fe de ello. Por supuesto, lo contrario es cierto. Un equipo que se une, se lleva bien y trabaja producirá un trabajo de alta calidad y un alto volumen de producción.

Como gestor, puede sacar lo mejor de su equipo mediante ejercicios de creación de equipos, tanto colectivos como individuales. Pueden ser tan complejos o sencillos como usted elija, pero fomentarán una ética de equipo positiva.

La razón por la que se forma un equipo es para alcanzar el éxito, para trabajar hacia un objetivo común. No importa si el objetivo está relacionado con los negocios, con el deporte o con algo totalmente distinto. Puede tratarse de un gran proyecto o de un conjunto de tareas más pequeñas que culminen en un producto acabado o en una conclusión. Es irrelevante; lo que importa es que un equipo productivo pueda trabajar en colaboración, totalmente centrado en alcanzar el objetivo y lograr el éxito.

Al inculcar a cada miembro del grupo el sentido de la propiedad tanto del proyecto como del resultado, el equipo se sentirá más significativo, fomentando una comprensión compartida de la responsabilidad. Puede empezar exponiendo sus objetivos y esbozando su estrategia para alcanzarlos.

Esto fomentará el compromiso del equipo, y también es el momento ideal para discutir cualquier dificultad o reserva que su equipo pueda tener con respecto al proyecto. Para ayudar a resolver cualquier preocupación futura, establezca indicadores de progreso: si no se cumplen, lo sabrá y lo resolverá; si se cumplen, una sensación de logro irradiará por todo el equipo, animándolo.

El proyecto en el que está trabajando dicta en última instancia las tácticas de creación de equipos que empleará. Puede tratarse de un proyecto de grupo en el que todos contribuyen, de un proyecto dirigido por la dirección en el que ésta tiene un grado considerable de dirección, o de toda la organización funcionando como un solo equipo.

El proyecto basado en el grupo requerirá un mayor énfasis en los puntos fuertes y las habilidades del individuo porque exigirá el trabajo en equipo y el esfuerzo independiente. Tendrá que fomentar la moral y hacer frente a las actitudes negativas.

Deberá esforzarse por incorporar tácticas de creación de equipos en las tareas diarias del proyecto. Aunque un proyecto basado en el grupo fomentará de forma natural el sentido de equipo, al incluir sus tácticas, puede asegurarse de que este sentido de equipo se mantenga y de que cada individuo conserve su voz -y sus tareas- mientras colabora con sus compañeros de equipo.

Fuera del lugar de trabajo, puede valer la pena dedicar tiempo al desarrollo de su equipo mediante eventos de creación de equipos y escapadas de fin de semana fuera del lugar de trabajo. Una empresa de gestión de eventos corporativos es un recurso excelente para organizar este tipo de ejercicios de desarrollo de equipo, y hay muchas opciones disponibles.

Las jornadas de creación de equipos incluyen diferentes actividades que requieren la colaboración de los individuos y han demostrado ser un gran éxito para muchas empresas.

Al fusionar sus ideas en un entorno divertido, productivo y emocionante como directivo, puede ayudar a su equipo a trabajar de forma más eficiente. Todo lo que requiere es un poco de tiempo para examinar los objetivos que desea alcanzar y las habilidades que quiere inculcar a su equipo para que alcancen todo su potencial.

Siga leyendo para saber más.

CAPÍTULO 1

La formación de equipos y sus objetivos.

El desarrollo de equipos de alto rendimiento beneficia a la empresa, a sus clientes, a los equipos y a todos los miembros del equipo en cualquier organización. Para tener éxito con la formación de equipos, es crucial mantener un enfoque como un láser en los objetivos y metas y los beneficios de la formación de equipos para esa empresa o lugar de trabajo en particular.

Los objetivos generales.

Algunos creen que se trata de participar en juegos frívolos o en actividades extracurriculares costosas e inútiles. Los directivos y empresarios que crean esto descartarán inmediatamente la propuesta como una completa pérdida de tiempo y dinero.

Otros que se enfrentan a problemas en el lugar de trabajo, como conflictos de grupo, bajo rendimiento o empleados desmotivados, pueden considerar la creación de equipos como un objetivo deseable pero poco realista. Carecen de una comprensión firme del desarrollo del equipo o del papel fundamental del liderazgo para conseguir un alto rendimiento.

El desarrollo de equipos es un PROCESO que se produce a lo largo del tiempo. El procedimiento comienza con un grupo de personas, dos o más, y un líder. El resultado final del proceso es un equipo de alto rendimiento que está muy motivado para mejorar su desempeño, tiene métodos y sistemas bien desarrollados para organizar su carga de trabajo y obtiene una enorme satisfacción de sus logros compartidos.

Los objetivos generales son alcanzar este nivel de rendimiento y desarrollar el grupo a través de muchas etapas de desarrollo hasta alcanzar este nivel. Sin embargo, hay distintos procesos o fases, cada uno con objetivos y propósitos específicos como en cualquier otro proceso. Concentrarse en los objetivos CORRECTOS en cada etapa y modificarlos a medida que se avanza puede ayudar a conseguir un alto rendimiento.

Los objetivos de la primera fase.

La etapa de formación del equipo tiene objetivos y propósitos muy específicos. Estos objetivos DEBEN cumplirse para que el grupo pase a la siguiente etapa. La responsabilidad del líder del equipo es garantizar que se cumplan los objetivos.

Los objetivos de la etapa de formación son los siguientes:

1. Vincular al grupo para que aprendan a conocerse y desarrollen un sentido de equipo. Las actividades de creación de equipos ayudarán a unirlos en este momento.

2. Alinearlas con su propósito, metas y objetivos comunes.

3. Construir una cultura de equipo positiva, que incluya puntos de vista, valores y normas de comportamiento compartidos.

4. Para definir la función del líder.

Objetivos de la segunda fase.

Aunque algunos de los objetivos iniciales se trasladarán a esta etapa, se crearán nuevos objetivos para seguir construyendo el equipo. Esta etapa se denomina etapa de asalto, y es durante ella cuando los miembros pueden cuestionar su propósito compartido, su liderazgo o sus normas sociales.

Los objetivos en esta fase son los siguientes:

1. Para mantenerlos centrados en su misión y objetivos.

2. Fomentar conexiones de trabajo positivas entre todos los miembros exponiéndolos a diferentes miembros del equipo.

3. Fomentar la colaboración en la resolución de problemas y la generación de nuevas ideas.

4. Establecer procesos que funcionen satisfactoriamente en conjunto, como los huddles diarios reuniones de resolución de problemas, reuniones periódicas sobre el estado de las cosas y sistemas de comunicación.

5. Definir objetivos específicos a corto plazo y procedimientos para conmemorar logros e hitos.

Objetivos de la tercera fase.

Una vez superada la etapa de "Storming", el equipo se habrá acercado y habrá desarrollado un fuerte sentimiento de compromiso para alcanzar su objetivo común. Esto se conoce como la etapa de normalización, y ocurre cuando trabajan juntos de forma eficaz y tienen buenos procesos y sistemas establecidos.

Para que el equipo pase a la siguiente etapa, el énfasis cambia.

Sólo un pequeño porcentaje de equipos alcanza el cuarto nivel, el equipo de alto rendimiento. Por lo general, esto se debe a que se quedan atrapados en la etapa de normalización. Para impulsar al equipo hacia adelante, el propósito ahora es cambiar el enfoque de manera significativa.

Hasta ahora, la filosofía subyacente ha sido que no hay un "yo" en el equipo. La idea es reunir al equipo para lograr sus objetivos comunes. El propósito ahora es reintroducir el "yo" en el equipo, para mantenerlo unido y fomentar la grandeza y la especialización individuales.

En esta fase, los objetivos son los siguientes:

1. Desarrollar la experiencia empresarial, permitiendo que el equipo y los miembros individuales asuman una mayor responsabilidad.

2. Fomentar la creatividad, la innovación y el liderazgo en el contexto de proyectos o tareas

específicas. El líder delega la autoridad en el equipo o en equipos de proyecto más pequeños.

3. Adaptar o cambiar los procedimientos para que asuman una mayor responsabilidad. Se reducen las reuniones de equipo y se amplían los equipos de proyectos. Rotar el liderazgo de los proyectos o las reuniones.

4. Animar al equipo a establecer sus objetivos.

Con esta cristalización de los objetivos de desarrollo del equipo, tendrá muchas más posibilidades de desarrollar eficazmente su equipo.

CAPÍTULO 2

Qué características definen a un equipo ganador?

¿Cómo se construye un equipo de éxito o, en el mundo empresarial, un negocio de éxito?

La respuesta es sencilla: ¡mantener una buena mentalidad y desarrollar un plan ganador! Mientras que los ejecutivos y presidentes son los responsables de la estrategia, los creadores de equipos y los directivos mantienen un espíritu de equipo positivo.

El pensamiento positivo y la creación de equipos son poderosos motivadores para obtener el mejor rendimiento de los empleados y mantenerlos satisfechos. Además, los miembros del equipo deben creer tanto en su equipo o empresa como en la directiva. Deben tener confianza en su equipo directivo y en sus compañeros, teniendo en cuenta que todos trabajan por el mismo objetivo.

Elementos de creación de equipos.

¿Cómo organizar un evento de creación de equipos influyente que contribuya a la unión y el rendimiento del equipo?

Los factores principales son: el evento debe ser agradable, incluso placentero (no hay ninguna ley que exija que el trabajo sea un lugar miserable y sin humor); la reunión debe enseñar algo valioso y comunicar la lección a todos los miembros del equipo; los trabajadores deben recibir formación sobre cómo aplicar lo aprendido en sus rutinas diarias, y las reuniones y eventos de creación de equipos deben programarse con regularidad. Esta es la estructura fundamental de la formación de equipos.

Sin embargo, hay otras alternativas que los directivos y educadores pueden emplear para comunicarse más eficazmente con los miembros de su equipo.

Algunos directivos creen que añadir un elemento competitivo a los eventos, como las actividades de formación de equipos, es un enfoque práctico para motivar a los empleados tanto a corto como a largo plazo.

Si este es su objetivo, puede considerar la posibilidad de dividir su equipo en dos o más equipos y hacer que compitan en diferentes deportes y actividades. Esto es excepcionalmente eficaz para fomentar el espíritu de equipo y motivar a los empleados para que completen las tareas asignadas.

El importante papel de la estrategia.

Un gestor o formador de equipos debe tener una estrategia bien definida en mente antes de organizar el evento, a lo largo del mismo y después. Una planificación eficaz del equipo implica conocer de antemano la finalidad y los objetivos de la reunión.

¿Existe un problema de rendimiento laboral o de inspiración de los empleados para que rindan bien?

¿Hay que revelar información nueva o es más importante desarrollar la confianza?

Todo esto debe evaluarse antes de la reunión e incluirse en las actividades de creación de equipos. Hay que estructurar las actividades del equipo y el propio equipo de la manera más eficaz posible para lograr el objetivo.

Además, la comunicación es esencial. Debe comunicar los mismos objetivos a sus empleados de forma clara y organizada para que puedan recordar los elementos principales de la reunión aunque no recuerden todo lo que se ha dicho. Las instrucciones sobre lo que debe hacer cada miembro del equipo deben ser explícitas y distribuirse a todos los miembros del equipo para garantizar que nadie se quede sin saber qué hacer.

Entender la formación de equipos implica conocer a los compañeros a nivel personal y profesional. Un formador de equipos comprende que incluso detalles aparentemente insignificantes, como la organización de equipos o la asignación de personas concretas a otros individuos, pueden ser un lastre o una ventaja. Por ello, los creadores de equipos deben conocer personalmente a sus compañeros y estar familiarizados con los principales arquetipos de personalidades empresariales.

CAPÍTULO 3

¿Qué métodos puedo utilizar para motivar a mi equipo?

Esta es una pregunta frecuente cuando trabajo con directivos. El estudio de la motivación es extenso, y todas las escuelas de negocios, revistas y periódicos se centran en ella. Las teorías abundan. Según mi experiencia, la motivación no es algo que pueda "entrenarse" en las personas. No es una capacidad o una habilidad.

La motivación es un proceso interno alimentado por nuestros valores y creencias interiores, aquellas cosas que son más importantes para nosotros. Cuando entiendas esos valores y creencias, podrás determinar cómo motivar a tu gente.

Una opción es infundir su estilo de gestión con comportamientos motivadores. Los directivos que destacan en este aspecto no sólo son excelentes gestores, sino también excelentes líderes.

¿Qué implica esto? He aquí algunas preguntas sencillas para reflexionar.

Sea un jefe que goce de la confianza y el respeto de sus empleados - Esto puede parecer evidente, pero la confianza y el respeto tardan en desarrollarse y pueden perderse al instante. Tus actos se ganan tu confianza y respeto. ¿Qué tan confiable es usted?

¿Cumple sus promesas?

¿Evita hacer promesas poco fiables?

¿Defiendes a tu gente?

¿Eres un lobo solitario o un jugador de equipo?

¿Reconoce los logros de su equipo?

Conozca a su equipo - Esto se refiere a su familiaridad con sus compañeros de equipo.

¿Cuáles son sus preferencias y aversiones?

¿Qué es lo que aprecian?

¿No hay ningún valor?

¿Qué habilidades latentes podrían poseer que usted puede reconocer y desarrollar?

Los directivos más eficaces con los que he trabajado han reconocido esto.

Tienen una capacidad asombrosa para captar lo que hace funcionar a su gente. Se toman el tiempo necesario para conocerlos, ya sea durante un café o después del trabajo en el pub. Aplican su experiencia para obtener el mejor rendimiento de sus empleados, al tiempo que atienden sus necesidades.

Proporcione a su equipo un trabajo emocionante y exigente. Las personas inteligentes y ambiciosas disfrutan con un trabajo estimulante y con la posibilidad de opinar sobre qué o cómo se hacen las cosas.

¿Con qué frecuencia acompaña a sus empleados en la toma de decisiones?

¿Qué eficacia tiene a la hora de delegar tareas?

¿Delega o microgestiona su trabajo?

¿Les asigna proyectos que les supongan un reto y les ayuden a aprender?

¿Les ayuda en sus esfuerzos educativos?

Sea sincero con sus comentarios: los empleados ansían recibir información, incluso la más difícil.

¿Con qué frecuencia da su opinión (aparte de las revisiones de rendimiento)?

¿Interpreta sus mensajes?

¿Se centra en los comportamientos limitantes de la persona y los recompensa?

¿Es usted un entrenador para sus empleados?

Aunque proporcionar una retroalimentación honesta, especialmente cuando hay problemas de rendimiento, puede ser un reto, puede ser un tremendo motivador cuando se hace correctamente. Un corolario de esto es ¿con qué frecuencia solicita la opinión de sus empleados?

Comunicar, comunicar - La comunicación es una de las herramientas de motivación más efectivas que tiene, y esto es particularmente cierto en tiempos de cambio. ¿En qué medida entienden sus empleados el panorama general, los objetivos y la estrategia? ¿En qué medida comprenden su lugar dentro de ella? ¿Cómo puede ayudarles a determinar su encaje?

No dé por sentado que sólo por haber mencionado algo una vez, el mensaje se ha recibido. Las personas perciben la información a través de la "lente" de sus valores y creencias. Utilice diferentes canales de comunicación y, como siempre, recuerde que los hechos hablan más que las palabras.

Los comportamientos motivadores por sí solos no garantizan un equipo motivado, y las dificultades organizativas a veces escapan al control del directivo. Sin embargo, centrarse en lo que se puede controlar (e influir en lo que no) puede contribuir en gran medida a aumentar la motivación, la lealtad y la productividad de los empleados.

Por tanto, señores directivos, ¿cómo motivan a sus equipos? Distribuya su sabiduría!

CAPÍTULO 4

Involucrar a todos en las actividades de creación de equipos.

Las actividades de creación de equipos son un componente esencial para aprender a dirigir un equipo con eficacia. Sin embargo, son más que eso. Tengo curiosidad por saber cuántos directivos comprenden que pasamos más tiempo con nuestros compañeros de trabajo que con nuestros maridos, esposas, hijos, amigos y otros miembros de la familia.

Por lo general, conocemos muy poco a nuestros compañeros de trabajo. Sin embargo, debemos negociar, recibir instrucciones, colaborar y llevarnos bien con ellos a diario. Vaya.

Cuando la mayoría de las personas consideran las actividades de creación de equipos eficaces y cómo gestionar un equipo, lo hacen desde la perspectiva de un gerente. Como gerente, también deben ver a través de los ojos del empleado. ¿Por qué?

Porque el empleado será el responsable de todas las tareas asignadas por el directivo. El comportamiento de un empleado tiene el poder de hacer o arruinar un equipo.

Deben comprender el valor de cualquier ejercicio de desarrollo del equipo. Luego deben sentir que pueden utilizar las lecciones aprendidas. Deben creer que vale la pena cambiar su comportamiento por los conceptos que las actividades de formación de equipos han demostrado.

Las actividades de creación de equipos eficaces y la determinación de cómo gestionar un equipo comienzan con el gestor determinando si él y sus supervisados tienen la misma perspectiva.

El mayor éxito se producirá cuando los empleados se sientan partícipes del proceso de mejora de las cosas. Por otra parte, hay que dar forma y definir la visión del directivo. Hay que hacer algunas preguntas.

¿Por qué participamos en ejercicios de creación de equipos?

¿Qué va a ser diferente una vez que se haya completado el trabajo?

¿Podremos ofrecer sugerencias durante el proceso?

¿Las cosas van a mejorar o se quedarán como están?

¿Y cómo vamos a mantener las cosas mejor que antes?

Responder a estas preguntas es vital para el rendimiento del equipo tras los ejercicios de creación de equipos. Tras una sesión (o serie de sesiones) eficaz, el directivo debe gestionar a los individuos que cooperan.

Los problemas deben minimizarse. Todos los empleados deberían sentirse más seguros a la hora de presentarse a trabajar cada día. (Este es el punto en el que se acuerda sonreír).

¿Qué significan las actividades de creación de equipos para usted como empleado?

¿Son importantes?

¿Son beneficiosas?

¿Son ineficaces?

¿O contribuyen a que ir a trabajar cada día sea una experiencia mejor que la anterior? Esto es importante.

El lugar de trabajo debe ser una mejora respecto a lo que era antes. Ese es el objetivo que debe perseguir todo directivo. La selección de actividades que merezcan la pena en el tiempo que el directivo pasa fuera de la oficina es importante si el directivo desea tener un equipo más cohesionado que antes de las actividades.

La gran variedad de herramientas de creación de equipos de que disponen los directivos permite desarrollar el trabajo en equipo. El objetivo es mejorar la forma en que los individuos colaboran continuamente. Como mínimo, las preguntas que se plantean a continuación deben abordarse como parte del proceso de planificación para seleccionar las actividades de creación de equipos.

La selección de actividades que fomentan la colaboración tiene dos beneficios importantes. El primero es la mejora del rendimiento en el trabajo, pero el más significativo es no abordar los problemas de rendimiento mensualmente.

Los ejercicios de creación de equipos son esenciales en cualquier entorno de oficina, incluso si los miembros del equipo están dispersos geográficamente. Estas actividades ayudan a romper el hielo entre los compañeros de trabajo y ofrecen a los directivos la oportunidad de conocer a los miembros de su equipo a un nivel más personal.

Los miembros del personal de la oficina proceden de entornos diferentes y, por tanto, deben comunicarse eficazmente. Por ello, es necesario introducir ideas de unión de equipos para romper el hielo.

El trabajo y la responsabilidad del director son incluir a todos en las actividades de unión del equipo. He aquí algunas estrategias sencillas para lograrlo sin causar demasiados trastornos:

Incluir la diversión: Cualquier actividad de creación de equipos que no termine con la sonrisa del equipo y la creación de recuerdos positivos. Una combinación de 70% de diversión y 30% de trabajo garantiza el éxito de la actividad. Además, evite enfatizar excesivamente la diversión; en su lugar, permita que todos sean ellos mismos y considere las ideas de creación de equipos como algo agradable.

Su equipo está formado por las siguientes personas: Reconozca el perfil del equipo. De este modo, conocerás sus ventajas y desventajas. Intente conocer sus historias personales y estilos de vida. Esto le ayudará a identificar las áreas del equipo que requieren atención.

Contacto: Las estrategias de creación de equipos que no implican un alto nivel de contacto e interacción entre los miembros son ineficaces. Para garantizar la eficacia del ejercicio, es importante proporcionar a los miembros una plataforma de comunicación compartida. Dividir a los miembros del equipo en equipos compuestos por una mezcla homogénea de individuos con distintas cualidades.

Hemos dicho que las actividades deben ser agradables, pero hay que mantener constantemente el componente de trabajo del 30%. Se aburrirán si no pueden relacionar la actividad con algo de su entorno laboral.

Esto ayuda a los niños a comprender el valor del trabajo en equipo. Puedes relacionar las actividades con juegos y otras actividades mencionando algo parecido a: "Esto es similar a cuando el equipo Xyz realizó la siguiente actividad y".

Es importante tener en cuenta la duración de las actividades. Suele ser preferible repartir las tareas a lo largo de la hora en lugar de que una sola actividad se prolongue durante horas. Las actividades uniformemente espaciadas mejoran la capacidad de atención y ayudan a mantener el componente de "diversión".

Disponga siempre de actividades de apoyo y alternativas si una actividad no consigue atraer a los participantes o no puede mantener la atención de los miembros del equipo.

CAPÍTULO 5

Eventos de creación de equipos y expectativas.

Otra palabra comodín que los directivos oímos a menudo y a la que intentamos responder es "creación de equipos". La formación de equipos no es una moda. Sin embargo, con demasiada frecuencia se elige, se planifica y se lleva a cabo un evento de creación de equipos sin tener en cuenta el ejercicio de creación de equipos. Un ejercicio o evento de desarrollo de equipo no resolverá o incluso abordará lo siguiente:

Baja moral - Utilizar un ejercicio de creación de equipos para combatir la baja moral no funciona ni resuelve el problema subyacente. La baja moral de los empleados es un síntoma de un problema mayor dentro del departamento, la empresa o el negocio. Tomarse un día libre para charlar o realizar actividades de grupo para unir al grupo no resolverá el problema subyacente.

Herramienta para la gestión del cambio - Un ejercicio de creación de equipos no es una herramienta para la gestión del cambio. Aunque en los últimos años, debido a que los presupuestos se están reduciendo hasta el punto de ruptura, muchos líderes se han inclinado a confundir ambas cosas. Es importante que, como líderes, prestemos a estas dos tareas tan distintas la atención que necesitan.

Desarrollo de la comunicación - Al igual que la baja moral, la comunicación es un problema interno que no puede resolverse con una inyección anual de creación de equipos.

Los eventos de formación de equipos no son el momento ni el lugar para dar noticias negativas sobre la organización o la empresa. Con demasiada frecuencia, he sido testigo de cómo estos ejercicios se convierten en unos pocos individuos que mantienen cautivo a un gran grupo, obligando a los demás a repetir todos los aspectos desagradables del entorno de trabajo.

¿Cuál es el objetivo de un evento de formación de equipos?

El objetivo de un evento de creación de equipos es exponer a sus empleados a oportunidades para desarrollar nuevas habilidades o explorar ideas y enfoques novedosos para problemas comunes en un ambiente no amenazante.

El programa no pretende servir como una sesión de formación ampliada para los miembros del personal que ya poseen o están adquiriendo nuevas habilidades en el trabajo. Tampoco se pretende educar al personal y a los empleados sobre lo que "deberían" hacer para realizar su trabajo con mayor eficacia.

Aparte de eso, el evento debe ofrecer alternativas positivas e inspiradoras a los comportamientos actuales. Debe animar a su personal a probar cosas nuevas, a pensar de forma diferente y a salirse de la "caja" para ver si poseen un conjunto de habilidades que nunca han considerado aplicar en su función actual dentro de su organización.

Realización de una evaluación de las actividades y expectativas de su equipo.

Desgraciadamente, las actividades de desarrollo de equipos se organizan a menudo en un momento de desesperación. Contratamos a personas no afiliadas a nuestra empresa, producto o servicio para que faciliten actividades, planifiquen eventos, etc., "esperando" que los facilitadores aporten lo que el personal necesita.

Antes de seleccionar un ejercicio de formación de equipos, es importante que usted, como líder, examine la necesidad de la actividad y sus expectativas para la misma. En primer lugar, debe definir qué es una actividad de creación de equipos y las expectativas que tiene para la actividad.

He sido testigo de algunos eventos de creación de equipos extraordinarios y he tenido el honor de hablar en algunos. Por lo tanto, me gustaría dedicar algún tiempo a destacar muchos de los factores que contribuyeron a que estas actividades de formación de equipos fueran tan memorables, bien atendidas y bien recibidas por el personal, los líderes y los visitantes.

Planificación.

Un evento de formación de equipos requiere el mismo nivel de preparación y planificación que una conferencia u otro evento de ventas. Este evento debe ser algo más que un día dedicado a escuchar o participar en la actividad favorita del líder o, peor aún, a escuchar a un orador que no está familiarizado con el tema y no ha hecho sus deberes.

Al organizar el evento, deben incluirse seminarios estructurados, planificados y adaptados a las necesidades específicas de su equipo. Esto dependerá del tamaño de su grupo. La organización del evento debe ser similar a la de una conferencia o un taller bien dirigido. Las fechas y los formularios de inscripción deben incluir a todos los miembros del personal y un espacio para comentarios.

El calendario sería algo así:

En cuarenta y cinco minutos, comenzaremos con una bienvenida y un repaso de las actividades del día, seguidas de la presentación de los responsables y facilitadores del taller, la ubicación de las instalaciones más importantes y un debate sobre las actividades opcionales. Por favor, recuerde que las actividades opcionales son eso; nunca debe haber ninguna presión para participar en las actividades opcionales.

Intermedio de 15 minutos.

Talleres I y II de 45 a 60 minutos.

Taller I - Inspirador y optimista - El tema podría ser el tratamiento de individuos desafiantes a las estrategias de comunicación. Sin embargo, las palabras clave aquí son edificante e inspirador.

¿A cuántos talleres has asistido en los que el tema parecía muy relevante por el título, pero que rápidamente se revelaron como una presentación aburrida de algunas diapositivas "no tan interesantes" que no respondían a ninguna pregunta ni te emocionaban lo más mínimo?

Taller II - Una hora de desarrollo de habilidades con un giro.

¿Cuántas veces te has preguntado, como individuo, "cómo han hecho eso"? "Tío, me gustaría saber más sobre eso". No tenemos tiempo para "aprender" talentos no tradicionales durante nuestras agitadas jornadas de trabajo.

Se trata de una excelente oportunidad para ofrecer a sus trabajadores y empleados la posibilidad de investigar y poner a prueba un conjunto de habilidades en las que pueden destacar. Esto también es ventajoso para usted como líder, ya que está impulsando su reserva de talento interno.

Estos cursos se imparten simultáneamente; al inscribirse en uno u otro, los participantes se comprometen a aprender algo nuevo y se les anima positivamente a llevar sus nuevas habilidades y conocimientos a su lugar de trabajo. Cada sesión debe incluir un mínimo de dos seminarios para que su personal pueda tomar decisiones que favorezcan su crecimiento.

El almuerzo -60 minutos- es un momento para establecer contactos. Las mesas deben estar dispuestas de forma que se sienten juntos grupos variados, no "amigos", y en cada mesa debe haber al menos un líder o directivo (en modo de escucha). Es increíble lo abierta que se vuelve la gente cuando comparte el almuerzo con extraños, incluso cuando un líder o jefe está allí.

45 a 60 minutos Talleres III y IV.

- Los talleres III y IV están estructurados de forma similar a los talleres anteriores. Aunque el tema es diferente, contiene sin embargo información relevante que al personal le gustará escuchar.

Clausura - La conclusión debe ser inspiradora y ceremonial. Los empleados que han contribuido enormemente al éxito de la empresa deben ser honrados aquí. Este es el momento de explicar a los empleados por qué son activos valiosos y contribuyen a su éxito.

Como puede ver en el itinerario anterior, un evento de creación de equipos correctamente diseñado puede permitirle pasar un día totalmente productivo e impulsar significativamente el crecimiento de su empresa.

Cuando se considera como una idea de última hora, el evento no rinde tanto. La preparación es esencial para el éxito de cualquier oportunidad que cree como líder, ya sea para sus empleados o para su base de clientes.

Coste.

El coste de un evento de creación de equipos puede ser desde asequible hasta prohibitivamente caro. He aquí algunos ejemplos de eventos de creación de equipos que he facilitado o en los que he participado. Se utilizó la zona de picnic de un parque público y los talleres simultáneos se celebraron bajo los árboles del parque.

Debido al bajo coste del terreno, mi asociado contrató a una empresa de barbacoas para que se encargara del catering; un amigo agente inmobiliario alquiló una gran casa vacía a otro asociado; de nuevo, debido al bajo coste del alquiler del día (alquiler de mesas, muebles, etc.), el catering fue excelente;

Un museo local de nuestra zona tiene dos maravillosas salas de reuniones sin utilizar. Una vez más, una pequeña cuota tiene un impacto significativo.

Tanto si se trabaja con un presupuesto reducido como si no, es esencial recordar que los empleados son clientes tanto como los clientes para los que se organizan talleres, seminarios y conferencias.

Por último, el coste es pequeño, y el objetivo subyacente del evento de creación de equipos mejora gracias a la mejora del efecto y el compromiso de los empleados con los objetivos futuros.

CAPÍTULO 6

Aumentar la competitividad mediante actividades de creación de equipos.

La competitividad es importante para el éxito de toda organización en el entorno globalizado actual. El mercado global extremadamente dinámico de hoy en día requiere competitividad en los productos y servicios y, sobre todo, en los equipos. La mayoría de las empresas dan prioridad a la cohesión y el compromiso del equipo, pero mantienen el espíritu competitivo al margen.

La competitividad de los equipos depende de la motivación, la disciplina y el apoyo adecuado. Sin embargo, puede ser el factor decisivo entre la eficacia de su equipo y el resto del ámbito corporativo. Las experiencias y actividades de creación de equipos ofrecen una excelente oportunidad para fomentar ese espíritu.

Cuatro estrategias para aumentar la competitividad durante los eventos de formación de equipos son las siguientes:

1. Establecer el tono.

Antes de emprender una actividad de creación de equipos, establezca el tono. Aunque la mayoría de los participantes perciben las actividades como puro disfrute, entienden que la competitividad desempeña un papel importante en la creación de equipos. La selección de una definición concreta ayudará a los miembros a alinearse mejor con el objetivo, la visión y los valores de la empresa.

2. Sé el primero en tomar la iniciativa.

Anime a cada equipo a tomar la iniciativa durante cada ejercicio de creación de equipos. También puede premiar a los equipos que tomen la iniciativa; las personas con un espíritu asesino suelen tomar la iniciativa en cualquier proyecto, trabajo o tarea.

Una vez que los equipos participantes se vean obligados a tomar la iniciativa, desarrollarán de forma natural su valentía. Muchos ejercicios de creación de equipos son llevados a cabo por instituciones de renombre que diseñan actividades que fomentan la iniciativa.

3. Establezca las expectativas.

Para construir una actitud competitiva, es preferible establecer expectativas claras. Establecer unas perspectivas claras permite a los equipos centrar y concentrar sus esfuerzos.

Establecer expectativas es también un componente vital del trabajo en equipo eficaz. Esto aumentará la productividad y la competitividad de su equipo. Esto también mejora la coherencia de los propósitos y promueve el uso eficiente de recursos importantes como las personas, el tiempo y el dinero.

4. Enseñar a los miembros del vapor cómo resolver los conflictos.

Una competencia excesiva podría aumentar los conflictos. Es su única responsabilidad educarles en los métodos más eficaces para resolver las disputas internas y externas. Esto es importante en la mentalidad competitiva. A través de ejercicios de creación de equipos, puedes entrenar a tu equipo para que sea educado y gestione las críticas. Colóquelos en un entorno que ponga a prueba su espíritu de equipo.

Es aconsejable organizar una actividad de creación de equipos fuera de la empresa que permita a los empleados comprometerse y crear vínculos. El senderismo puede ser una excelente actividad de formación de equipos. Permita que los empleados se reúnan y se enfrenten a un reto en equipo con el telón de fondo de unos lugares magníficos.

Los cuatro métodos descritos anteriormente aumentarán la competitividad de sus empleados y ayudarán a que su empresa se desarrolle a un ritmo nunca visto.

CAPÍTULO 7

Los fundamentos de la gestión de la diversidad en la creación de equipos.

En su esencia, la gestión de la diversidad promueve la colaboración entre los empleados. Su misión es reunir a hombres y mujeres de diversos orígenes y moldearlos en un equipo eficaz centrado en un propósito común.

Esto permite que los proyectos a gran escala se lleven a cabo de forma eficiente y con pocas complicaciones. Normalmente, los jefes de proyecto dirigen este tipo de formación con ideas de creación de equipos, guiando al personal a través de diferentes ejercicios de creación de equipos.

En primer lugar, los individuos deben aprender a comunicarse entre sí. Una estrategia consiste en dividir un grupo grande de individuos en subgrupos y pedir a cada miembro que conozca los antecedentes y las personalidades de los demás. Esto permite a los miembros del equipo conocerse mejor y comprender mejor lo que los individuos han encontrado en sus propias vidas.

Además, se puede exigir a los empleados que asistan a una serie de cursos de formación en los que se deconstruyan y desmientan las ideas preconcebidas. Estas ideas preconcebidas pueden basarse en el color de la persona, su orientación sexual o su edad. A menudo se invita a un psicólogo o a un especialista en sociología para que ofrezca consejos y suscite una conversación. A menudo se insta a los empleados a participar activamente.

También se pueden incluir en la sesión actividades de dinámica de grupo. Esto puede ir desde hacer encuestas hasta responder a las preguntas con la mano levantada en el aire. Esto puede proporcionar una visión de las actitudes generales de las personas hacia temas específicos y ayudar a desarrollar un acuerdo general sobre algunas cuestiones cruciales.

Los directivos deben establecer objetivos claramente definidos y explicar a todos los miembros del equipo que las evaluaciones personales se realizarán en función de estos objetivos. Cuando se define el éxito, los miembros del equipo entienden lo que deben hacer para rendir con eficacia y ganarse los ascensos. Deberían avanzar sin problemas si siguen las instrucciones y cumplen con el trabajo asignado.

De vez en cuando, es beneficioso que los miembros del equipo se reúnan fuera de la oficina en una zona de bajo perfil. Ya sea en una bolera, un restaurante o un evento deportivo, esto puede ayudar a fomentar la camaradería y a presentar a los demás.

Esto es especialmente importante cuando se trata de reunir a empleados que de otro modo no se relacionarían. Una vez que los hombres y las mujeres comprendan mejor los puntos fuertes de los demás, todos los aspectos del proyecto deberían funcionar mejor.

En cualquier caso, los directores de proyecto deben asegurarse de que las actividades sean breves y concretas. Esto debería desarrollar un sentido de comunidad entre todos los implicados. Además, debe darles tiempo para que realicen sus tareas habituales de trabajo y otros quehaceres según lo previsto.

A la hora de buscar ideas para la creación de equipos, los directivos deben considerar actividades que reúnan a personas de distintas etnias, orientaciones sexuales, edades, religiones y credos.

Al ayudar a los hombres y mujeres a ver lo bueno de los demás, estos empleados se darán cuenta más fácilmente de las habilidades y conocimientos de sus compañeros, que pueden ser utilizados para su éxito general.

CAPÍTULO 8

Líneas de comunicación abiertas para involucrar a todos.

El objetivo de los actos y conferencias de creación de equipos es conseguir que todos los miembros de una empresa o departamento trabajen de forma cooperativa hacia un objetivo común. La comunicación es un aspecto esencial en este sentido. Ya sea por correo electrónico, por teléfono o en persona, se producen cientos de encuentros diarios en todas las oficinas, comercios y almacenes.

Las actividades de creación de equipos intentan inculcar la importancia de una comunicación abierta entre todos los miembros del equipo. Cualquier fallo en la comunicación puede tener graves consecuencias. Hay muchas razones para que se produzca una ruptura de la comunicación, pero a continuación se enumeran tres de las más frecuentes.

1. El efecto del silo.

Aunque puede parecer evidente que ocultar información puede crear problemas, los fallos de comunicación no siempre son deliberados. Si un miembro del equipo se siente incómodo interactuando con sus compañeros o cree que su aportación no es importante, retener información puede impedir que el resto del equipo funcione, y podría hacerlo.

Esto podría deberse a la competitividad, a la separación geográfica o a equipos separados que no quieren compartir con otro grupo. Esto se ha demostrado a menudo en las sesiones de desarrollo de equipos que facilito.

Hay muchas causas para el efecto silo. Aun así, es un reto para la organización funcionar con la máxima eficiencia y eficacia sin derribar los muros y fomentar la colaboración entre todos los equipos. Una vez que los equipos se dan cuenta de que deben trabajar juntos para hacer frente a las dificultades, la parte de la actividad relativa a la "creación de equipos" se ha completado.

2. Each individual is significant.

Un impedimento frecuente para la comunicación es la reticencia a comunicarse con franqueza con los directivos. Participar en actividades de creación de equipos que requieran que todos trabajen en colaboración para resolver acertijos o rompecabezas demuestra que todos son miembros integrales del equipo.

Recuerdo un evento en el que los equipos y los jueces incluían a todos los participantes en el proyecto. Desde los trabajadores de la cadena de montaje hasta los ingenieros y ejecutivos, todos formaban parte del mismo equipo.

Fue revelador ver cómo los diferentes niveles manejaban la resolución de problemas. Cuando un grupo reconoce la importancia que ofrece cada uno de sus miembros, pueden crear vínculos. Cuando la alta dirección reconoce que el éxito de su empresa depende de todos, desde la dirección hacia abajo, puede influir en su moral.

3. Miedo a ser incorrecto.

Algunos empleados pueden dudar en dar opiniones que les perjudiquen. Aunque no todas las ideas son buenas, los empleados pueden aprender aunque no vean un impacto directo en su contribución.

Los directivos pueden conocer las preocupaciones o los obstáculos que experimentan los empleados y las razones de estos problemas. Cualquier aportación demuestra a una empresa lo que piensan sus empleados y lo que valoran. Ser capaz de escuchar a un empleado sin juzgarlo ayuda a establecer la confianza.

Comprender y abordar los problemas a los que se enfrentan los empleados y mantener abiertas las líneas de comunicación contribuye en gran medida a que todos se centren en el objetivo común del equipo o de la empresa.

Aunque la comunicación por sí sola no puede garantizar el éxito de la empresa, la falta de ella aumenta considerablemente el fracaso. Los eventos de creación de equipos son un enfoque excelente para unir al equipo y cambiar el entorno actual.

CAPÍTULO 9

Técnicas exitosas de creación de equipos para directivos.

Su equipo es la columna vertebral de su empresa. El buen funcionamiento del equipo y la forma en que usted lo dirija pueden determinar el éxito de su empresa. La creación de equipos puede ser difícil. Cada miembro del equipo ofrece un conjunto único de talentos y debilidades.

Como director y líder del equipo, usted también tiene habilidades y defectos que contribuyen al éxito de su equipo. En un sector tan competitivo como el actual, es esencial saber cómo unir las piezas del rompecabezas de un equipo de éxito. He aquí algunas sugerencias para ayudarle a formar un equipo de éxito.

Entender cómo se trabaja.

Para empezar, debes entender cómo funcionas.

¿Cómo describiría su estilo de liderazgo?

¿Es usted un buen comunicador y un líder eficaz?

Realice una evaluación esencial de sí mismo, al igual que haría con un empleado, y manténgase receptivo a las áreas de crecimiento. Tal vez necesite mejorar sus habilidades de comunicación o aprender a predicar con el ejemplo. Tal vez una formación en ventas o liderazgo beneficiaría su estilo de gestión y le ayudaría a desarrollar un equipo de éxito.

Reconozca a su equipo.

Los miembros de tu equipo son algo más que una colección de cuerpos apiñados en asientos de escritorio. Son individuos con distintas personalidades, y cada uno aporta un componente único al grupo. Haga un esfuerzo por conocer a sus compañeros de equipo. Cada semana, programe tiempo para que el equipo se reúna, se relaje y se conozca.

Este sentimiento de camaradería refuerza las relaciones entre los miembros del equipo y permite que éste funcione más eficazmente en su conjunto. Además, si cada miembro del equipo se siente importante y respetado, su equipo será más eficaz, ya que todos se sienten apreciados y reconocen sus ideas y capacidades.

Las funciones y responsabilidades están claramente definidas.

Una vez que haya conocido a cada uno de los miembros del equipo y haya identificado sus puntos fuertes y sus limitaciones, podrá definir los deberes y las responsabilidades de cada uno de ellos. Tal vez uno de los miembros del equipo no sea especialmente hábil en su profesión, pero destaque por mantener al equipo en el punto de mira.

Esta persona contribuirá de manera significativa al éxito del equipo, ya que lo mantendrá en movimiento y le ahorrará dinero al evitar juicios erróneos o permitir que el equipo se estanque.

Otro miembro del equipo puede poseer unas habilidades de comunicación excepcionales y la capacidad de relacionarse con una gran variedad de personas. Esta persona es valiosa porque puede definir los objetivos del equipo y comunicarlos eficazmente a sus miembros.

Su equipo es similar a un rompecabezas formado por muchos componentes únicos. Debe entender cómo encajan todos ellos y las funciones que cada uno desempeña en el equipo. A continuación, puede aprovechar sus puntos fuertes y habilidades y definir claramente sus funciones dentro del equipo para garantizar que éste funcione correctamente.

Reconocer que la retroalimentación es una vía de doble sentido.

El feedback es un recurso inestimable. Le informa del rendimiento de su equipo y de los puntos de mejora. Puede tener un sistema de feedback formal o informal. Al ser proactivo con el feedback, puede ayudar a su personal a mejorar cada día y evitar dificultades graves. Evite ser un directivo reactivo; en su lugar, sea proactivo escuchando las aportaciones de su equipo y proporcionando sus propios comentarios constructivos.

Reconocer, respetar y elogiar.

A todo el mundo le gusta ser recompensado y todo el mundo valora el respeto. Reconozca y respete a un miembro del equipo que va más allá. Esto demuestra la valía de su equipo, y ellos se esforzarán más por alcanzar su objetivo. Tómese tiempo para disfrutar de sus logros.

Incluso los logros menores merecen reconocimiento, aunque sea tan sencillo como que un día se les proporcione una caja de almuerzo. El refuerzo positivo y el reconocimiento ayudarán a motivar y retener el compromiso de su equipo para trabajar bien juntos.

Como líder y gestor de equipos, usted es responsable de desarrollar un equipo eficaz y de mantenerlo en el buen camino. Utilice estas cinco técnicas para formar un equipo con éxito y completar la tarea que se le ha encomendado.

Cuando conozca los puntos fuertes y las limitaciones de su equipo, podrá colaborar para establecer un equipo eficaz y exitoso que no sólo cumplirá sino que superará los objetivos de su empresa.

CAPÍTULO 10

Mejore la eficacia de su estrategia de creación de equipos.

Sí, es importante trabajar en la dinámica de su equipo a diario, supervisando y modificando según sea necesario. Sin embargo, las jornadas de creación de equipos especialmente desarrolladas tienen su lugar. Sólo recuerde que si va a organizar un evento de formación de equipos, debe aportar valor. Al fin y al cabo, la formación es costosa, e incluso los participantes esperan un retorno de su tiempo y esfuerzo.

Es irrelevante que realice actividades de formación de equipos, que elabore una lista de reglas del equipo o que discuta temas de equipo. Lo que más importa es cómo se hace algo, no lo que se hace.

Entender qué necesitan los equipos para funcionar bien le permitirá comprender mejor cómo mejorar los procedimientos del equipo (no sólo durante un evento específico de creación de equipos, sino también en el día a día).

Lo que requieren los equipos.

Para ser productivos -para funcionar como una unidad cohesionada y lograr más de lo que es factible individualmente- los equipos requieren algunos aspectos importantes en su entorno. Aunque conseguir estas características no es difícil, sí que requieren algo de trabajo por parte del líder del equipo o del propietario de la empresa.

La investigación ha demostrado repetidamente que estos elementos son esenciales para los equipos eficaces. No son "new age", "sensiblería" o "pérdidas de tiempo". Son los fundamentos del trabajo en equipo, y las empresas que se dan cuenta de su valor y tratan de mantenerlos se ven recompensadas con equipos que superan a sus homólogos más ordinarios por un amplio margen.

Reforzar el rendimiento del equipo.

Si pretende aumentar el rendimiento de su equipo, no se trata sólo de "ponerlos en forma". Se trata de establecer el entorno óptimo para que rindan al máximo.

También se trata de aceptar y comprender su trabajo como líder/entrenador y desarrollar las habilidades necesarias para construir el equipo que se merece. Como suelen afirmar los mejores entrenadores deportivos del mundo, ¡la carrera del entrenador peligra cuando un equipo no rinde!

Por lo tanto, examinemos lo que necesita un equipo para ser eficaz.

Las cinco áreas de eficacia.

1. Misión del equipo. Todos los miembros del equipo deben entender por qué el equipo realiza lo

que hace. ¿Qué intenta conseguir la empresa y cómo contribuye el equipo a este esfuerzo?

Todos los miembros del equipo deben entender las prioridades del equipo, especialmente cuando cambian y cómo trabajar con las prioridades equivocadas perjudica la capacidad del equipo para ejecutar su propósito.

2. Cumplimiento de objetivos. El papel del líder del equipo es ayudar al equipo a definir sus objetivos (tanto colectivos como individuales) y proporcionar información sobre su progreso hacia la consecución de estos objetivos. Esta información debe ser constante, veraz y no culpabilizadora.

El equipo, tanto colectiva como individualmente, también debe contribuir al desarrollo de estos objetivos. Sobre todo, el líder del equipo debe ayudar al equipo a alcanzar sus objetivos ofreciendo asistencia y recursos.

3. Autodeterminación. Aunque el equipo debe trabajar para alcanzar los objetivos de la empresa y de

acuerdo con las normas corporativas, el equipo y sus miembros necesitan cierto grado de autonomía en la toma de decisiones y en la actividad.

Eso no significa que todo valga. Sin embargo, sí implica que todos tenemos voz en nuestra vida diaria, incluida la profesional, en lugar de imponer la autoridad; intentar desarrollar el nivel de habilidades del equipo mediante la orientación.

Tanto las habilidades técnicas como las interpersonales (denominadas en conjunto Inteligencia Emocional) son necesarias para que los miembros del equipo asuman la propiedad de su trabajo y actúen de forma adecuada.

La orientación y el modelado de roles fomentarán la propiedad y la independencia, permitiendo al líder del equipo "delegar" muchas tareas operativas y centrarse en responsabilidades de gestión más importantes.

4. Comunicación transparente y directa. La comunicación debe ser sincera, oportuna y

bidireccional. No se trata de una relación amo-esclavo, sino de un compromiso entre adultos en pie de igualdad (por supuesto, esto requiere un alto nivel de inteligencia emocional por ambas partes).

Cuando los trabajadores son tratados con dignidad y respeto, la gran mayoría responde con un mayor esfuerzo y resultados. Cuando todos se sienten cómodos expresándose con cortesía, todo el equipo rinde más y el consumidor lo nota. Los conflictos se minimizan y se abordan más rápidamente, y los individuos controlan mejor sus comportamientos.

5. Modelos positivos y normas sociales. Los individuos aprenden mejor a través de la observación, el análisis y la práctica.

¿Qué observan en su empresa cuando observan el comportamiento del jefe de equipo?

¿Demuestran el jefe de equipo y todos los demás supervisores el tipo de comportamiento que quieren que muestren los miembros de su equipo?

¿O es más bien una situación de "haz lo que digo, no lo que hago"?

Los miembros del equipo deben tener modelos de conducta positivos, y hay que invertir tiempo y esfuerzo en la formación y el desarrollo de habilidades para extraer el máximo rendimiento de cada miembro del equipo.

Por último, la creación de equipos es un componente necesario de todo su plan de mejora empresarial. No lo utilice como una tirita o una panacea; es ineficaz en ambos casos. Debe fluir de forma natural a partir de las diversas acciones cotidianas que realiza para mantener a su equipo sano.

CAPÍTULO 11

Utilizar los juegos de creación de equipos para repensar la estrategia del grupo.

Centrarse en los métodos de grupo y hacer hincapié en los distintos puntos fuertes y débiles mediante actividades de creación de equipos puede aumentar considerablemente la productividad de cualquier grupo u organización.

Utilizando principios psicológicos fundamentales y valores establecidos, los instructores dedicados a la gestión del cambio pueden ayudar a cualquier equipo a lograr un mayor éxito en su entorno de trabajo.

Las actividades estimulantes y divertidas en el interior o al aire libre en diferentes lugares del país pueden ser un método excelente para que cualquier empresa establezca nuevas prioridades y técnicas de adaptación.

Los compañeros de equipo pueden obtener una nueva perspectiva del lugar de trabajo y beneficiarse de nuevas técnicas y formas de pensar. La utilización de un curso de creación de equipos totalmente autorizado puede marcar la diferencia a la hora de proporcionar el impulso necesario al equipo de una empresa.

Las consecuencias positivas de la resolución de problemas.

Cada empresa y cada empleado se enfrenta a obstáculos y problemas cotidianos que deben ser abordados y resueltos. La diferencia entre las organizaciones que tienen éxito y las que fracasan suele estar determinada por su capacidad para resolver estas dificultades.

Este es uno de los ámbitos en los que los juegos de creación de equipos corporativos pueden ser beneficiosos. Las actividades de fortalecimiento del grupo pueden ayudar a elevar la moral y mejorar la comunicación de los individuos y los miembros del grupo basándose en conceptos psicológicos fundamentales.

Los instructores de desarrollo de equipos plenamente acreditados pueden fomentar el desarrollo del equipo de forma diferente, sacando a los individuos de sus contextos laborales cotidianos para que se centren en habilidades vitales. Una pausa de trabajo en uno de los muchos locales del país puede resultar una inversión importante y gratificante para cualquier negocio o empresa.

Cómo los juegos de creación de equipos pueden ayudarle a sentirse más satisfecho con su trabajo.

Todos los directivos y jefes de equipo deberían preocuparse por aumentar la satisfacción laboral y la moral de los empleados y compañeros. Muchos estudios han demostrado de forma decisiva que los empleados satisfechos son más productivos y, en última instancia, más beneficiosos para sus empleadores que los empleados descontentos.

Por tanto, el objetivo de todo directivo prudente debería ser emplear cualquier estrategia que mejore estas importantes percepciones de valor y valía. Un curso de estrategia en grupo totalmente aprobado es una de las formas más eficaces de lograrlo.

Los instructores cualificados pueden colaborar con los jefes de equipo y los directivos para crear un programa adaptado a las necesidades únicas de cada grupo de colegas y compañeros de trabajo. Las actividades de creación de equipos en interiores y al aire libre pueden marcar una diferencia significativa a la hora de mejorar las relaciones y la comunicación en el lugar de trabajo.

Las empresas y organizaciones de todo tipo pueden beneficiarse significativamente de estas pausas de trabajo y harían bien en investigar los beneficios potenciales.

CAPÍTULO 12

Facilitación y tutoría para la creación de equipos.

¿Los mentores desempeñan un papel en el desarrollo del equipo? Parece que sí, y también es lógico que cuando un miembro fuerte del equipo sirve de mentor a un recién llegado o a un miembro más débil, los resultados son asombrosos. Es emocionante ver lo que ese miembro más joven o más nuevo del equipo es capaz de lograr.

Como gestor, es importante facilitar esta forma de tutoría entre determinados miembros del equipo cuando los dirija. Si el equipo cuenta con tres o cuatro jugadores sólidos, cada uno de ellos debería ser amigo de uno o dos de los miembros más jóvenes del equipo. Intentar establecer vínculos comunes ayudará en este proceso.

Hay varias formas de lograrlo, y con la facilitación adecuada, puede llegar a ser tan natural como montar en bicicleta. Con demasiada frecuencia, los miembros del equipo junior son conscientes de que no pueden competir al mismo nivel que los miembros del equipo senior que poseen las credenciales y la experiencia necesarias para jugar.

Sin embargo, esto no implica que no lo hagan en el futuro; es esencial emparejarlos con una superestrella con la mentalidad adecuada para asegurar su éxito.

No todos los grandes jugadores poseen los atributos de personalidad o la paciencia para servir de figura paterna a los miembros de la cantera. Muchos carecen de la capacidad, y pueden hacer más daño que bien a un miembro más joven del equipo.

A la hora de gestionar un equipo, es importante identificar qué empleados pueden ayudar a los demás y hacer que el resto del equipo se eleve. No obstante, algunos tipos de personalidad son capaces de desempeñar este trabajo. Espero que lo tengas en cuenta.

Los ascensos son siempre un acontecimiento importante. Lo más difícil es dar un paso adelante constantemente y no esconderse detrás de lo que uno lograba en su anterior trabajo. La transición de gerente a ejecutivo es una de las más significativas.

Los ejecutivos deben considerar y actuar sobre cuestiones que son muy distintas de las que afrontan sus homólogos de gestión. La forma más sencilla de resumirlo es que hay que pensar y gestionar estratégicamente, lo cual no es algo a lo que la mayoría de la gente esté acostumbrada.

También hay otro problema. Los equipos de directivos suelen estar formados por personas con una motivación y una motivación similares. Cualquier equipo con demasiadas similitudes y pocas diferencias corre el riesgo de desequilibrarse hasta el punto de ser disfuncional y ser víctima del "pensamiento de grupo", en el que los miembros del equipo están de acuerdo en todo, incluso cuando sus decisiones son radicalmente incorrectas. La creación de equipos ejecutivos puede ser beneficiosa.

Sin duda, uno de los puntos en común será que todos los miembros del equipo serán lo suficientemente inteligentes como para superar los puntos débiles del equipo si los captan en primer lugar. Por lo tanto, si una actividad de equipo bien elegida les ayuda a identificar el problema, el equipo puede empezar a arreglarse.

En resumen, si un equipo ejecutivo elige una opción de creación de equipos, debe centrarse en la gestión estratégica. Durante el briefing, identificará las deficiencias del equipo e iniciará la puesta en marcha de medidas para evitarlas.

Cuando se trata de operar estratégicamente, el primer problema que tiene cualquier nuevo ejecutivo es definir una estrategia. No lo que es "su" plan, sino cómo se ve uno en la práctica. Un proceso es un híbrido de una visión, un objetivo y una metodología. Es el destino que una organización desea alcanzar, el tiempo que desea estar allí, y el enfoque que desea seguir en el camino.

La gestión estratégica consiste en aplicar el plan de forma coherente en toda la organización para que sea útil y, en última instancia, eficaz. Cada empleado debe comprender lo que significa para su trabajo y utilizarlo a la hora de tomar decisiones cotidianas, y la gestión estratégica consiste en hacer realidad esa visión.

Por lo general, las actividades de creación de equipos no están diseñadas para llamar la atención sobre cuestiones estratégicas. La toma de decisiones tácticas suele estar a la orden del día. A los que son expertos en "disparar desde la cadera" les va mejor que a los que prefieren planificar meticulosamente antes de empezar.

Por lo tanto, la actividad elegida debe tener esto en cuenta. El ejercicio debe ser lo suficientemente completo y largo como para que los pensadores estratégicos tengan una verdadera oportunidad de influir en el enfoque del equipo. También debe permitir a los equipos emplear esa estrategia a lo largo de la actividad, de modo que el éxito o el fracaso del enfoque del equipo pueda evaluarse durante el debriefing.

Cuando se trata del debriefing, esa sesión es el componente más importante de todo el ejercicio. La estrategia debe estar bien pensada y principalmente dirigida por el propio equipo para identificar realmente los fallos del equipo. Es decir, debe estar documentada.

La función de un facilitador en este punto debe ser ayudar al equipo a identificar los retos creados por su enfoque de la tarea, no ponerse delante y decirles en qué se han equivocado. Eso rara vez ayuda al equipo a comprender el aprendizaje disponible o a transferirlo al lugar de trabajo, donde puede marcar la diferencia.

Al planificar un día de salida del equipo para los directivos, recuerde que debe ofrecerles algo apropiado para su tipo de equipo y tarea. Esa es una excelente estrategia!

CONCLUSIÓN.

"Ninguno de nosotros es tan inteligente como todos nosotros", es una famosa frase de Ken Blanchard. Aunque algunos pueden cuestionar si es gramaticalmente correcto, el significado de la cita es bastante cierto. Un esfuerzo conjunto es siempre más productivo que un esfuerzo individual. Al concentrarse en las habilidades de cada individuo, un buen equipo puede lograr aún más.

El ingrediente fundamental de un equipo eficaz son sus miembros. Son innumerables las ocasiones en las que los proyectos de grupo fracasan o funcionan peor de lo que deberían debido a que un individuo no hace su trabajo.

Eric Fox sugirió que las tareas principales de un grupo de trabajo son las siguientes: el promotor (comunicador de ideas), el creador (generador de ideas), el ejecutor (implementador de ideas), el refinador (retador de ideas) y el trabajador flexible para todos los demás trabajos. Es fundamental que cada miembro del grupo desempeñe el papel en el que se sienta más cómodo de forma natural. Esto puede deberse a una falta de pereza, de motivación o a que el miembro no comprenda sus objetivos para el grupo.

He estado en grupos muy eficaces y menos eficaces. Como gestor con experiencia, he sido miembro de un equipo particular en el que muchos compañeros con los que me unía podían tener a los clientes dentro y fuera en poco tiempo. Supongo que esto se debía a que podíamos comunicarnos de la misma manera y teníamos patrones cognitivos similares.

Como todos entendíamos lo mismo, había menos explicaciones y más trabajo terminado. Como directivo, a menudo considero lo que puedo hacer en un entorno de grupo y lo que mis acciones permiten a los demás lograr con mi estilo cognitivo.

Sin embargo, puedo descuidar la idea de que otros pueden no compartir mi perspectiva y elegir hacer otra cosa. Por eso es esencial transmitir los objetivos a todos los interesados de forma eficaz. Gracias por leer

Habilidades de gestión para directivos

1. Gestión del tiempo para directivos

2. Coaching de empleados para directivos

3. Creación de equipos para directivos

4. Confianza en sí mismo para directivos

5. Habilidades de negociación para directivos

6. Habilidades de atención al cliente para directivos

7. Próximamente

www.ingramcontent.com/pod-product-compliance
Lightning Source LLC
Chambersburg PA
CBHW070117230526
45472CB00004B/1306